햇볕은 비추지만 고루

변성언
시집

책나무출판사

햇볕은 고루 비추지만

초판 1쇄 발행 2025년 11월 21일

지은이 변성언

펴낸이 임병천
펴낸곳 책나무출판사
출판신고 2004년 4월 22일 (제318-00034)

주소 서울시 영등포구 신길3동 325-70 3F
전화 02-338-1228 **팩스** 0505-866-8254
홈페이지 www.booktree.info

ⓒ 변성언 2025
ISBN 978-89-6339-759-7 03810

*이 책의 판권은 지은이와 책나무출판사에 있습니다.
*양측의 서면 동의 없는 무단 전재 및 복제를 금합니다.
*잘못된 책은 바꿔드립니다.

이 책은 제주특별자치도와 제주문화예술재단의
2025년 제주문화예술재단 지원사업 후원을 받아 발간되었습니다.

| 시인의 말 |

오랜만에 쓰는 글이다.
쓸수록 더 부끄럽다.
그래서 덜 쓰다가 겨우 몇 자 내놨다.
여전히 부끄럽다.

| 목차 |

시인의 말 · 3

1부

아버지 · 8 / 잡초 · 9 / 가을 · 10 / 수석 · 11 / 풋사과 · 12 / 익는다는 것 · 13 /
가을 2 · 14 / 연화못 · 15 / 소멸과 생성 · 16 / 전염 · 17 / 꽃을 보며 · 18 /
오늘은 · 19 / 허탕 · 20 / 생각 · 21 / 반달 · 22 / 고추 말리기 · 23 /
상처 입은 단풍 · 24 / 실수 · 25 / 선 · 26 / 선 2 · 27 / 열매 · 28 /
각시투구꽃 · 29 / 열매 2 · 30 / 폐도 · 31 / 꽃몸살 · 32 / 열매 3 · 33 /
수월봉 노을 들 무렵 · 34 / 꽃대궁 · 35 / 억새 · 36 / 우산 · 37 /
석류 · 38 / 해장국 · 39 / 장미 · 40 / 나무는 · 41 / 하귤 · 42 /
산탈 열매 · 43 / 박달나무꽃 · 44

2부

연화못에서 · 46 / 억새 2 · 47 / 엉겅퀴 · 48 / 달맞이꽃 · 49 / 보리밭 · 50 /
향기 · 51 / 개화 · 52 / 좋은 이별 · 53 / 기도 · 54 / 복숭아꽃 피다 · 55 /
봄 · 56 / 나무를 심으며 · 57 / 길 · 58 / 꽃샘추위 · 59 / 민들레 홀씨 · 60 /
해바라기 · 61 / 6월 · 62 / 매화 · 63 / 풋사과 2 · 64 / 복숭아밭에서 · 65 /
청포도 · 66 / 비양도 · 67 / 억새 3 · 68 / 귤을 따며 · 69 / 다육이 · 70 /
꽃잎 · 71 / 어떤 충만 · 72 / 불금 · 73 / 꽃밭 · 74 / 등산 · 75 /
꽃샘추위 2 · 76 / 하산 · 77 / 햇볕은 고루 비추지만 · 78 / 열매 5 · 79 /
악보 · 80 / 속박 · 81 / 볼펜 심을 바꾸며 · 82 / 더 사랑스럽기 전에 · 83

3부

국가시나무 · 86 / 진짜 큰 말은 · 87 / 둥치 · 88 / 귤나무 전정하며 · 89 /
화초에 물 주기 · 90 / 좋은 미련 · 91 / 일요일 저녁 · 92 / 청년 · 93 /
호접몽 · 94 / 벚찌 · 95 / 8월 · 96 / 수국 · 97 / 표선해수욕장 · 98 /
대가 · 99 / 꽃몸살 · 100 / 메발톱꽃 · 101 / 봄꽃 · 102 / 실수권 · 103 /
꽃집에서 · 104 / 방황 · 105 / 모순 · 106 / 안개꽃 · 107 / 물망초 · 108 /
궷물오름 · 109 / 가을이 들면 · 110 / 무화과 · 111 / 4월, 그리고 매실 · 112 /
복숭아꽃 필 무렵 · 113 / 홍수가 지나며 · 114 / 분수 · 115 /
숲에서는 · 116 / 의자는 · 117 / 포획 · 118 / 민들레 홀씨 2 · 119 /
배경 · 120 / 매실이 영글면 · 121 / 관음증 · 122 / 동백 · 123

시 해설 '익는다는 것'과 '상처의 언어'로 쓰여진
시간, 존재, 그리고 성숙의 변증법 · 126
임정일 | 시인 · 문학평론가

• 1부 •

아버지

숲 그늘을 따라
하늘을 올려다봅니다

저 멀리
굵은 나무가 미동도 없이
온몸으로 땡볕을
막아서고 있었습니다

잡초

밟히면 자지러지고
바람 불면 스러지고
제초제에 중독되면 뿌리 아래로 숨었다가
때 되면 어김없이
돋아나는 그리운 것들

가을

누구나 뒷모습은 여리듯
여름의 뒷모습도 그렇네요
내 뒷모습은 어떨까요

수석

길에서 문득 발견한
하트 모양 수석처럼

참 우연입니다
사랑이라는 거

풋사과

일년생 어린나무에
사과가 맹아리를 틉니다

식물의 본능이 열매라면
사람의 본능은 사랑이라
기꺼이 말하겠습니다

익는다는 것

며칠 단비에
배가 주먹만큼 자랐습니다

이제 조용히 익을 시간입니다

나는 어떤 빛으로 익어갈지
궁금합니다

가을 2

배롱나무 꽃 더미
연붉게 하늘거리는 오후입니다

매미 소리 가늘어지고
해바라기 숙인 고개를 따라

가을이 오려나 봅니다

연화못

참
오랜만에 꽃을 봅니다

무릎 아래 나지막이
모두 꽃밭인데

대저 무엇을 보며
살았는지 모르겠습니다

소멸과 생성

꽃점을 찍으며
꽃벚이 소멸합니다.

마침표를 찍으며
한 문장을 넘깁니다

전염

감기에 전염되면
열이 납니다

향기에 전염되어도
열이 납니다

이 봄엔
다 그렇습니다

꽃을 보며

나에겐
너에게 없는 게
하나 더 있다

너

오늘은

창가에
난꽃이 피었습니다
봄볕의 분분한 향기도
따라왔습니다

나도
꽃이고 싶습니다
봄볕 난만한
오늘은

허탕

저무는 바다로
낚싯대를 던집니다

또다시 허탕입니다

그러나
낚싯대를 드리우고 잡아채는
매 순간

진지하지 않은 적
한 번도 없습니다

생각

밤길을
하염없이 걷다가
들어왔습니다

가슴에
곰보빵처럼

별자국이
생겼습니다

반달

쩍!
사과 반쪽
건네주고

밤새 오지 않은
그 사람

고추 말리기

익지 못할 바엔
차라리 맵겠습니다
조용한 몸부림으로
고독과 맞서겠습니다
이 가을

상처 입은 단풍

밤새워
누군가를 기다리던
귀뚜라미 한 마리

차갑던
그 발자국은 아닌가 합니다

실수

푸르디푸른
하늘 아래
샛노란 민들레

그 앞으로
다가가는 순간

무엇에
취했나 봅니다
사진이
파르르 떨렸더이다

선

선은 연결을 위해
필요합니다
그러나 잘못 접속하면
합선됩니다
윗선은 더 그렇고요

선 2

밤하늘에 무수히 지나는
전선으로
사람들은 지금 무슨 사연을
전하고 있을까요

열매

모두 잘 익어갑니다.
나만 설익을까 걱정입니다
추석 지나는
늦가을이네요

각시투구꽃

가을에 만난
보랏빛 그대

스멀스멀 일어나는
발칙한

나도 어쩌지 못하는
이 마음

열매 2

열매가 붉습니다
극점에 달한 사랑처럼

이제
아플 차례입니다

폐도

길이 있다고 하지만
가지 않으면
길이 아닙니다

마음이 있다고 하지만
표현하지 않으면
사랑이 아닙니다

꽃몸살

많이 보라고
봄입니다

많이 보고파서
봄입니다

열매 3

대추 한입에 깨물었습니다
햇볕 향이 날것으로 터져 나옵니다

문득 나는 지금쯤 얼마큼
익었는지 궁금했습니다

수월봉 노을 들 무렵

돌담에 걸리지 않고
바람에 넘어지지 않는

부재에 외로워하지 않고
사랑에 아파하지 않는

물처럼 살고 싶습니다
저 붉은 노을처럼 살고 싶습니다

꽃대궁

한 무더기 아기꽃들이
꽃대에 매달려 종일 놉니다

힘줄에 붉은빛이 선연해도
꽃대는 끄떡도 하지 않습니다

그때 아버지 팔뚝은
참 굵었습니다

억새

노랑 무우에
짜장면 한 그릇 했습니다

가을 하늘에
갓 피는 억새 향 깃든

맑은 국물이
먹고 싶어졌습니다

우산

삼천 원짜리
우산 쓰고 걷다가

빗물에 뚝뚝
고개 숙이는
닭의장풀을 발견했습니다

우산 한켠을 그에게
내 주며
한참을 서 있었습니다

석류

단단한 껍질 속에
붉고 달고 부드러운
맨살이 있을 겁니다

한 권의 시집처럼

해장국

구천 원짜리
해장국을 먹었습니다

꽃결 같은 바람이
살랑이는 오후
금방 잠이 올 것 같습니다

아, 근데 걱정입니다
꿈도 구천 원짜리로 꿀까 봐서요

장미

곳곳에
가시가 서렸지만

끝까지
갈 것입니다

상처 없이
사랑은 자라지 않습니다

나무는

슬퍼서 우는 것이 아니고
외로워서 우는 것입니다

어스름 저녁
우뚝 서 있는 등 뒤로
그림자가 제 키보다 더 커갈 때

먼 산을 보던
그 눈가에서
가끔은 아주 가끔은
허밍허밍 콧노래를 곁들인 아버지 눈물이
보일 때가 있었습니다

하귤

작년 열매를 매단 채
다시 봄꽃이 핍니다

지난 것보다
새로운 것은
언제나 강렬합니다

딱 하나,
사랑만 빼고요

산탈 열매

그렇게
너는 예쁘게 하고 있어라
가끔은 향기가 없어도 좋다
이 가을처럼

박달나무꽃

새벽 노꼬메 오름
오솔길입니다

밤이 몸을 기울여
어둠을 비우고 있습니다

와르르!
별들이 쏟아져

박달나무에 매달립니다

연화못에서

낮잠이 들었습니다
꽃들이 일제히
내 꿈속으로 걸어들어옵니다
분홍분홍 연꽃이더이다

억새 2

눈부신 맨얼굴에
찰싹찰싹 달라붙는
저 생머리

노랑 고무줄로
묶어주고 싶었습니다

엉겅퀴

독을 삭혀
약을 만듭니다

화를 삭여
사랑을 만듭니다

그것이 진리라면

나는 아직
멀었습니다

달맞이꽃

평생 마주할 수 없는
누군가를 기다리는 일

슬픈 행복

보리밭

씨앗은 여물며
고개를 숙입니다

숙인 허리를 받치며
다시 굳건히
일어섭니다

향기

차가운
그릇에 담긴
뜨거운 향기

치자꽃
드디어 그릇을
기울입니다

개화

욕망의 환생이
꽃이라 한들

우리는
꽃피기를 멈출 수
있겠습니까

좋은 이별

등 뒤로
어린 열매를 두고
떠나는
꽃잎의 손짓

기도

많은 소원은
소원이 아닙니다

큰 소원은
딱 하나라야 합니다

사랑도 그렇습니다

복숭아꽃 피다

추적추적
비가 옵니다
봄비입니다

꽃물이
흘러들었는지

주책없이
내 가슴도 붉습니다

봄

산길에 안개가 걷힙니다
그 사이
한바탕 꽃이 피고 있었습니다
고요한 야단법석

나무를 심으며

모든 시련에
매듭이 있습니다

그 마디엔
성장판이 있습니다

그렇게
우리는 자랍니다

길

지나온 길이
아직 나를 따라 오는 것은

지치고 힘들 때

가던 길을 멈추고
그 길을
돌아보라는 뜻이겠습니다

꽃샘추위

살갗을 부비다가
무작정
꽃샘이 열리듯

사랑은
준비할 수 없습니다

민들레 홀씨

발 아래
행복이 있다지만

이 바람을 타고
저 너머로
훨훨 날아가고 싶습니다

해바라기

멀리 보세요
더, 더 멀리요.

그게 우리 삶의
크기 아닐까요

6월

비가
개었습니다

성큼성큼
큰 걸음

꽃 자국이
선명합니다

매화

춥다고
꽃피기를
멈추시겠습니까
그대여

그러면
영영 봄은 없습니다

풋사과 2

신맛에
단맛을 더하며

청년은 자랍니다

복숭아밭에서

가면을 벗으면
내 민얼굴도
이렇게 발그레
붉을 수 있을까요

청포도

비가 오면
더 클 것이고

날이 좋으면
더 익겠습니다

비양도

차가운 바람
등 뒤로 감추고

언제나 푸르러야 하는
의무로

어리광을 품어주던
그 섬이
내내 그리운 오후입니다

억새 3

비는 온종일
이들의 머리를
빗겼나 봅니다

해님이 돋자
단발머리 꽃송이
바람에 찰랑거립니다

귤을 따며

가만히 들여다보면
상처 없는 열매가 없습니다
우리도 그렇습니다

다육이

화려하지 않아도
예쁜 꽃이 있습니다

화장기 없이도
향기 나는 사람이 있습니다

아, 저는 아직이네요

꽃잎

한 잎 한 잎
꽃잎이 모여
한 송이 꽃이 된다지요

하루하루가 모여
삶이 된다고도 하고요
부디 꽃처럼 예쁘길
소망해 봅니다

어떤 충만

애월 바다에서
가슴을 활짝 열고
하늘을 담습니다

순간, 푸른 빛이
가슴에서 출렁였습니다

불금

배달이 대세인데
사랑도 배달되었으면
좋겠습니다

꽃밭

세상이 꽃밭이라던데
영, 그런 것 같지 않습니다
한 사람 한 사람 모두 꽃이라는데
그 말도 안 맞는 것 같네요
오늘은 참 비뚤어진 날이죠

등산

참 쓸데없습니다
산에서 보면

저 발밑
동분서주 좌고우면이
그저 부질없습니다

산에서 보면
그렇습니다

꽃샘추위 2

바람이 쪽발로
살금살금 지납니다

낮잠 자던 꽃 한 송이

파르르 떨더니
또 잠이 듭니다

하산

아무것도
내려놓지 못하고
하산합니다

그 산에
찔레 한 송이
아직 하얗습니다

햇볕은 고루 비추지만

그 볕에
익기도 하고
썩기도 합니다

나는 어느 쪽인지
궁금합니다

고추 붉게 마르는
가을 오후입니다

열매 5

꽃은 여물면
열매가 되지만

사랑은 여물 즈음
아픔이 된다지요

악보

노래가
부르고 싶었습니다
허밍허밍 혼잣말로
노래가
부르고 싶었습니다
음표처럼
꽃이 피고 있습니다

속박

깨문 입술을
벙글며 꽃이 피듯

모든 감성이
이성의 벽 속에
갇혀야 하는 것은 아닙니다

볼펜 심을 바꾸며

스프링은
튕겨 나가는 것이 본성입니다
그래서 모든 억압은 해체되고
다시 자유롭습니다
우리도 그렇습니다

더 사랑스럽기 전에

꽃이 집니다

그러다가
먼 후일 즈음
완전 잊혀질까 두려워

다시 꽃이 핍니다

3부

국가시나무

가까울수록
약간의 거리를 두라고

칭얼대며
무턱대고 다가가다간

꽃 가시가
가슴을
콕! 찌른다고 합니다

진짜 큰 말은

말이 없습니다

사랑한다는 말이
그렇죠

그런데 조심하셔요
그 큰 말을
못 듣는 사람도 많거든요

둥치

태어나는
모든 것이 아름답듯

오늘은
소멸하는 모든 것이
아름답다는 생각입니다

한라산
구상나무 군락지에서
허옇게 빛바래는
굵은 둥치를 보고 있습니다

귤나무 전정하며

생각을 멈춥니다
망설이다, 또 망설이다,

꽃을 피우기로 했습니다

흠집투성이 가슴에
알싸한 연고를 바르며

화초에 물 주기

잡초가 끊임없듯
꽃도 끊임없습니다
분노가 끊임없듯
사랑도 끊임없습니다

오늘은
어디로 물을 줄까요
어수선한 화단
대저 분간이 안 갑니다

좋은 미련

바람이 흔든다고
무작정 꽃이 다 진답디까

꽃이 진다고
그 꽃이 영영 안 핀답디까

일요일 저녁

꽃이 핀들
무엇하겠습니까

서늘한 바람에
반달이 뜬들
곱기만 하겠습니다

내일은
차디찬 월요일인데

청년

세상이
꽃 피기를 멈추지 않는 한

우리는
언제나 청년이어야 하겠습니다

그렇지 않습니까

호접몽

나는 꽃이 예쁜데
꽃의 눈엔 내가 어떨까요

그대가 예쁘다고
그 눈에도 내가 예쁠까요

벚찌

탐스런 버찌도
한때는 꽃잎을 엮은
송이꽃에 불과했습니다

설익은 마음으로
세상과 맞짱을 뜨는 동안
저렇게 속이 타들었던 것이겠죠

8월

석류꽃 한 송이
눈감고 붉은 입술을
쭈욱 내밀었습니다

해님이 정수리에
딱! 멈춰서 지켜보는
시방

나는 어쩔까요

수국

불두화라 불리는
수국에는
암술과 수술이 없다고 합니다

꽃말은 '자비'라고 하죠

발랄한 사랑이 없는
맹탕인 자비라면

사랑과 자비는
어쩌면 반대말이 아닐까요

표선해수욕장

초여름 바다가
거침없이 푸르릅니다

스스로 옳다고 믿으며
성큼성큼 걸어가는

청년의 상기된
얼굴을 하고 있습니다

대가

순댓국에는
구천 원의 대가가 필요합니다
시집 한 권은
만 원의 대가가 필요하고요

꽃은 잎장을 버리며
열매을 얻는다지요

사랑에는 아픔만이
유일한 대가라는 말도 있고요

꽃몸살

저
잔잔한 몸부림
그리고
터지는 꽃 몽우리

얼마나
향 짙으려고
시방 귤꽃이
저리도 떨고 있나

메발톱꽃

슬픔을 숨긴
이 빛깔

향기마저 멈춘
예쁜 칼날

봄꽃

투사의 검이
시인의 붓을 꺾지 못하듯

겨울 산의 찬바람도
봄꽃을 막지 못했네요

실수권

잘 못 찍은 사진이
더 좋을 때가 있습니다

잘 못 들어선 길에서
무엇인가를
발견할 때가 있습니다

하여,
갈까 말까 한 길은
가보기로 했습니다

꽃집에서

가장 잘 보이는 날이
오늘이듯
가장 아름다운 날도
오늘이라는 생각입니다
만발한 꽃을 보는
오늘 말입니다

방황

인간은 노력하는 한
방황한다고 했습니다

5월은,

이렇게 찬란해서 지랄 같은
5월에 어느 날은

아무 노력도 않는데

나는 종일
방황하고 말았습니다

모순

꽃을 더듬던 손등이
가시에 긁혔습니다

사랑이 때로는 미움보다
더 큰 아픔을 준다고 하지만

그 사랑을 멈추는 사람
본 적 있을까요

안개꽃

싸락눈 같은
사랑의 음모를
온화한 눈동자에
감추고 있는 앙큼한
요, 요것들!

물망초

저것들이라고
꽃피는 일이
두렵지 않았을까요

그러나
그게 두려웠으면
세상 어디에도 꽃은 없습니다

사랑도 그렇습니다

궷물오름

숲속에 연못은
볼수록 고요한데

내 안에 연못은
볼 때마다 일렁입니다

가을이 들면

낙엽이
뿌리를 덮어줍니다
그러다가 겨우내
기꺼이 썩고 진액이 흙으로 스미면

새봄엔 꿀꺽꿀꺽 단물을 삼키는
어린 것들의 주둥아리에
봄볕이 묻고
싹이 트고 다시 꽃이 필 겁니다

무화과

가슴에 그리움을
꼬옥꼭 숨기면
꽃이 된다고 하죠

그 꽃을 가슴에서
꼬옥꼭 삭히면
열매가 된다고도 하더이다

4월, 그리고 매실

사월 햇볕으로
매실 꿀벅지
살이 오르고 있습니다

덕지덕지 상처 난
헐거운 가슴에도

오늘은 토실토실
젖살이 부풀었으면 좋겠습니다

복숭아꽃 필 무렵

속 빈 낙엽 뒹구는 소리
까칠한 첫눈
어머니 한숨 같은 겨울밤
깍쟁이 꽃샘추위
그것을 멀리서 바라보던
농부의 혼잣말이
한군데에 모였습니다

지금 발그레 점이 찍힙니다
아, 자세히 보니 꽃이네요,
복숭아꽃

홍수가 지나며

도랑을 만들었습니다
물의 사납기가 물길 모양을
결정했습니다

이마의 주름도
극복하는 고난의 양태와
같다는 생각입니다

분수

분수가 물을 뿜어 올립니다
푸른 제복 입은 여름이
철퍽철퍽 군홧발을 맞추며
씩씩하게 행군으로 오고 있습니다

숲에서는

꽃이라서
빛나지 않습니다

꽃도 뽐내지 않고요

숲에서는
나무이고, 풀이고, 꽃이고, 열매이고
그리고 사람일 뿐입니다

그것들이
그저 숲일 뿐이고요

의자는

비어 있을 때가
아름답습니다

누군가를
기다려 본 사람은 압니다

텅 빈 곳으로
그리운 것들이 쌓인다는 것을요

포획

풀밭에 누웠습니다

늦봄의 달큰한 햇볕으로
꽃문이 달구어지고 있었지요

분분한 향내에
스스로 포획당합니다
절대 탈출하고 싶지 않았어요

민들레 홀씨 2

내려놔야 가볍다고 하죠
가벼워야 멀리 간다고도 합니다

아, 그러다가
영영 멀리 가버리면 어떡하죠

익숙한 모든 것들을
다 잃어서 매일매일
그리워만 하게 되면 어떡하죠

배경

보리수꽃 뒤로
말없이 서있는
하늘을 보았어요

푸르른 배경색이
보리수꽃을 더 선명하게 하더군요

은근한 저 배경이
나에게도 있어요

아, 지금은 없네요,
아버지

매실이 영글면

나도 저것처럼
자라고 싶습니다

햇볕과 바람을 품으며
안으로 안으로 둥글둥글

새콤하게 그리고 달콤하게
아직도 저렇게 크고 싶다면
환갑 넘어 주책인가요

관음증

산들농장
블루베리가 팔월 열광 속으로
맨살을 드러내고 썬탠하는데

살금살금 다가가서며 소리도 없이
숨어보는 한낮

그만,
그 볕에 얼굴을 데이고 말았어요
까맣게 익어버렸네요

동백

동백
피고 지는 동안
생각 하나를
접지 못했습니다

그렇게 다시
봄이
지나려나 봅니다

어쩌자고
그 생각을
꼭꼭 붙들고 있는지
모르겠습니다

· 해설 ·

'익는다는 것'과 '상처의 언어'로
쓰여진 시간, 존재, 그리고 성숙의 변증법

임정일 | 시인 · 문학평론가

"존재는 시간 속에서 스스로를 현현(顯現)한다"는 실존 철학의 명제처럼, 변성언 시인의 시(詩) 115편은 '익어가는 시간'을 오직 인간만이 감당해야 할 근원적인 실존의 문제로 다루고 있다. 시인은 삶을 '미완의 과정'이자 '치열한 생성의 변증법'으로 해석하며, 이 과정을 통해 인간이 겪는 모든 고독, 사랑, 아픔을 응시한다. 시인의 시선은 거창한 담론 대신 우리 주변의 가장 작은 사물들 굵은 나무 - 풋사과 - 귤 - 낙엽에 머물러, 그들의 순환하는 생명력에서 인간 삶의 보편적인 진리를 길어 올린다.

시집 전체를 관통하는 주제는 '성장', '사랑', 그리고 이 둘을 가능하게 하는 '고통의 긍정'이라는 확고하고 깊이 있는 사유다. 시인은 굵은 나무가 땡볕을 온몸으로 막아내듯 고난을 묵묵히 견디려는 존재의 강력한 의지를 보여주면서도, 그 이면에는 성숙의 결과가 확정되지 않은 근원적인 고독과 불안을 동시에 드러낸다. 삶의 미완성에 대한 이러한 진실된 태도야말로 이 시집이 가진 가장 큰 문학적 매력이다.

평론가 발터 벤야민(Walter Benjamin)이 "지상에 씌어진 어떤 시도 읽히기를 거절하는 곳은 없다"고 말했듯이, 변 시인의 시편들은 독자들에게 삶의 고독한 마디마디를 읽어주기를 간절히 원하며 다가온다. 특히 시인의 사랑은 고통을 경유하는 '자발적 숙명'의 형태로 나타난다. 김수영 시인 역시 "모든 시는 궁극적으로 사랑의 언어다. 사랑은 아픔이다"라고 고백했는데, 변 시인의 시세계는 「귤을 따며」에서 상처 없는 열매가 없음을 확인하고 「모순」에서 사랑의 아픔을 알면서도 포기할 수 없음을 노래하며 이 통찰을 그대로 시적으로 구현하고 있다.

시인은 성장하려는 강렬한 의지와 '나는 어떤 빛으로 익어갈지 궁금하다'는 존재론적 불안이라는 두 얼굴을 동시에 보여주며, 우리 시대의 진솔한 목소리를 담아낸다. 시인의 시들은 독자들에게 '우연한 순간의 진지함'과 '불완전함을 통해 완성되는 성숙의 미덕'을 마주하게 하며, 삶을 대하는 새로운 용기와 태도를 제시하고 있다. 시집에 수록된 시들 중 '익어감', '사랑', '상처'라는 중심 주제를 가장 강력하게 드러내는 일곱 편의 시들을 중심으로 좀 더 깊게 들어가 시인이 심연(深淵)의 본마음을 들여다보자.

숲 그늘을 따라

하늘을 올려다봅니다

저 멀리

굵은 나무가 미동도 없이

온몸으로 땡볕을

막아서고 있었습니다.

— 『아버지』 전문

굵은 나무를 아버지의 모습에 투영(投影)한 비유적인 작품이다. 이 시는 단순한 가족애를 넘어선 존재론적 안정성의 문제를 심도 있게 다룬다. '땡볕을 온몸으로 막아서는' 나무의 우뚝 선 모습은 니체(Nietzsche)가 말한 '운명애(Amor Fati)'와 같이 고난(땡볕)을 회피하지 않고 묵묵히 받아들이는 존재의 강력한 의지를 상징한다. 시인에게 아버지는 외부의 폭력적인 환경과 고통 앞에서도 '미동도 없이' 스스로의 중심을 지키는 스토아 철학적 굳건함을 보여준다. 이는 흔들리는 현대인의 실존 속에서 우리가 추구해야 할 '인생의 둥치'와 같은 듬직한 존재의 원형(原型)을 제시하며, "어떤 고통도 나를 무너뜨릴 수 없다"는 단호하고 숭고한 선언을 내포하고 있다.

일년생 어린나무에

사과가 맹아리를 듭니다

식물의 본능이 열매라면

사람의 본능은 사랑이라

기꺼이 말하겠습니다

— 「풋사과」 전문

풋사과가 '맹아리를 드는' 자연의 본능적인 생성 과정을 인간의 '사랑'과 등치(等置)시키는 시인의 과감하고 비약(飛躍)적 사고가 돋보인다. 이 시는 존재의 목적론(Teleology)에 대한 질문을 던진다. 아리스토텔레스 철학에서 모든 존재가 궁극적인 목적(열매 맺음)을 향하듯, 시인은 인간 존재의 궁극적인 목적은 바로 사랑이라는 근원적인 본능에 있음을 선언한다. 사랑을 단순한 감정이 아니라, 존재의 이유(raison d'être) 그 자체로 격상시키는 철학적 행위다. 특히, '기꺼이 말하겠습니다'라는 단호한 어조는 이 비약적 선언에 확고한 윤리적 의지를 부여하며, 사랑이 바로 '삶의 열매'이자 존재의 가장 순수하고 본질적인 형태임을 명료하게 제시한다. 이는 인간 존재의 본질을 꿰뚫어 보며, 모든 생명 현상이 사랑을 향한 필연적인 과정임을 암시하는 깊은 통찰을 담고 있다.

며칠 단비에

배가 주먹만큼 자랐습니다

이제 조용히 익을 시간입니다

나는 어떤 빛으로 익어갈지
궁금합니다

― 『익는다는 것』 전문

이 시집의 핵심 주제를 응축한 시로, 하이데거(Heidegger)의 실존철학과 가장 맞닿아 있다. 배가 '단비'라는 외부의 도움과 시간의 흐름 속에서 물리적으로 '자라'고 있듯이, 화자는 자신의 정신적, 내면적 성숙에 대해 질문한다. '조용히 익을 시간'이라는 구절은 성장이란 타인의 시선에서 벗어난 고독하고 내밀(內密)한 과정임을 암시하며, 실존적 자기형성의 불가피한 고독을 드러낸다. 마지막 행의 '나는 어떤 빛으로 익어갈지 궁금합니다'는 존재가 완성되는 과정을 알 수 없는 '근원적 불안감'을 담고 있다. 자연의 열매는 정해진 빛깔로 익지만, 인간 존재(Dasein)는 스스로의 빛깔을 결정해야 하는 자유와 책임을 지니기 때문에 불안하다. '익는다는 것'은 예정된 완성이 아니라, 미정의 미래 앞에서 던지는 솔직한 고백이자, 존재 스스로에게 부과하는 가장 어려운 질문인 것이다.

잘 못 찍은 사진이
더 좋을 때가 있습니다

잘 못 들어선 길에서

무엇인가를

발견할 때가 있습니다

하여,

갈까 말까 한 길은

가보기로 했습니다

— 「실수권」 전문

  이 시는 인간 삶의 불완전성과 우연의 가치를 긍정하는 통찰을 담고 있다. 시인은 '잘 못 찍은 사진'이나 '잘 못 들어선 길'이 역설적으로 더 좋은 결과와 새로운 발견을 가져올 수 있다는 경험을 통해 결정론적 사고(Determinism)의 한계를 부정한다. 이는 우연성(Contingency) 속에서 진정한 의미와 성장이 발생함을 시사하며, 우리가 피하려 했던 실수와 방황 또한 성장의 필수적인 자양분임을 깨닫게 한다. 우연이 곧 새로운 지평을 여는 세렌디피티임을 역설한다. 마지막 구절, '갈까 말까 한 길은 가보기로 했습니다'는 이러한 통찰을 바탕으로 망설임 대신 용기 있는 행동과 도전을 선택하는 적극적인 삶의 태도를 보여준다. 이는 미완의 존재로서 불확실한 미래를 향해 '의지적 선택'을 감행하는 실천적 의지를 강력하게 드러낸다.

가만히 들여다보면

상처 없는 열매가 없습니다

우리도 그렇습니다

— 『귤을 따며』 전문

　자연의 진실을 통해 인간의 보편적 고통(Universal Suffering)을 깨닫는 순간을 포착한 짧지만 강력한 시다. 완벽해 보이는 열매조차 상처를 지니고 있다는 사실은, 인생의 흠결(欠缺)과 고통을 존재의 필수적인 표식으로 받아들이게 한다. 시인은 상처를 결함이 아닌, '익어가는 삶의 증거이자 영광의 상처'로 재해석하며 고통을 긍정한다. '우리도 그렇습니다'라는 세 번째 행은 독자에게 깊은 위로와 강력한 공감을 선사하며, 인간이라면 누구나 상처를 지니고 있다는 보편적인 조건을 긍정하게 만든다. 이는 쇼펜하우어(Schopenhauer)가 말한 삶의 고통을 외면하지 않고, 오히려 그 고통을 통해 존재의 단단함을 증명하는 명징한 깨달음—그것이 이 시가 닿아 있는 동양적 통찰이다.

꽃은 여물면

열매가 되지만

사랑은 여물 즈음

아픔이 된다지요

— 『열매 5』 전문

    이 시는 헤겔적 변증법의 구조를 통해 사랑의 최종 단계를 정의한다. '꽃이 여물어 열매가 되는' 자연의 순환(정, Thesis)과 대비하여, '사랑이 여물 즈음 아픔이 된다'는 인간의 역설(반, Antithesis)을 제시한다. 사랑이 '여무는 것'은 아픔이라는 정신적인 대가(代價)를 치르는 과정이며, 결국 사랑의 성숙(합, Synthesis)은 고통을 경유해야만 가능하다는 진리를 도출한다. 사랑의 절정은 곧 아픔의 시작이라는 비극적이면서도 숭고한 역설을 통해, 시인은 진정한 사랑의 깊이와 성숙함은 고통을 경유(經由)할 수밖에 없다는 인식을 명확히 드러낸다.

꽃을 더듬던 손등이
가시에 긁혔습니다

사랑이 때로는 미움보다
더 큰 아픔을 준다고 하지만

그 사랑을 멈추는 사람
본 적 있을까요

— 『모순』 전문

'꽃을 더듬다가 가시에 긁히는' 경험은 아름다움과 고통이 동전의 양면처럼 붙어 있음을 보여주는 강력한 메타포(Metaphor)이다. 시인은 사랑이 미움보다 더 큰 아픔을 줄 수 있다는 삶의 모순(Aporia)을 인정한다. 이 모순은 인간 실존의 본질적인 딜레마를 반영한다. 그러나 동시에 '그 사랑을 멈추는 사람 본 적 있을까?'라고 반문(反問)함으로써, 고통에도 불구하고 사랑이라는 본능적이고 숙명적인 가치를 포기할 수 없음을 단언한다. 이는 카뮈(Camus)의 '시지프스 신화(The Myth of Sisyphus)'에서처럼, 부조리하고 무의미한 고통을 알면서도 삶을 긍정하는 실존적 결단과 연결된다. 고통을 감수하고서라도 열정적인 삶을 멈출 수 없는 인간 존재의 근원적인 역설을 담아낸 뛰어난 작품이며, 모순 자체가 삶을 추동(推動)하는 동력임을 역설적으로 보여준다.

  위에서 분석한 시들은 삶의 진지한 성숙 과정과 그것을 가능하게 하는 사랑의 본질을 공통적으로 이야기하며, 특히 성장의 이중적인 경로를 심도 있게 구축한다. '상처'의 필수성과 역설: 「귤을 따며」, 「모순」, 「열매 2」를 통해 상처는 결함이 아니라 열매를 맺게 하는 단단한 껍질처럼 작용하는 성장의 필수적인 대가임을 확인한다. 이는 고통을 피하지 않고 온전히 끌어안을 때 비로소 단단해지는 존재의 역설적 진리다.
 '익는다는 것' - 의지와 불안의 교차: 「아버지」의 묵묵한 인내나

「풋사과」의 본능적 선언은 스스로의 시간을 통해 단단해지려는 성장의 의지를 대변한다. 그러나 동시에 시인은 「익는다는 것」에서 "나는 어떤 빛으로 익어갈지 궁금합니다"라고 질문하며, 자연의 순환과는 달리 인간의 성숙은 명쾌하게 보장되지 않는다는 근원적 고독과 불안을 드러낸다. 이 두 상반된 감정의 교차는 시집의 깊이를 더하는 핵심적인 요소다.

'사랑' - 멈출 수 없는 숙명: 사랑은 고통이라는 대가(代價)를 통해 비로소 열매처럼 성숙(成熟)해지며, 인간은 그 아픔을 끌어안고서도 사랑을 갈망하는 아이러니컬하고도 숭고한 존재임을 보여준다. 사랑은 단순한 감정이 아닌, 존재를 추동(推動)하는 숙명적 동력이다.

삶이란 본래 고통과 불확실성으로 가득 찬 항해일지라도, 시인은 바로 그 항해 자체에서 고유한 빛깔의 성숙을 발견해낸다. 고대 철학자 아리스토텔레스는 "행복은 영혼의 탁월한 활동이다"라고 정의했다. 변성언 시인의 시는 고통을 단순한 시련으로 여기지 않고, 인간이 자신만의 의미를 찾고 더 높은 단계의 존재로 비약하기 위한 필수적인 '재료'로 승화시킨다. 시인의 진정한 위대함은 바로 이 '고통을 의미로 승화시키는 능력'에서 발견된다. 독일의 사상가 니체는 "우리를 죽이지 못하는 고통은 우리를 더욱 강하게 만든다"는 통찰을 전했다.

이 시집을 읽는 독자는 더 이상 고난을 피해야 할 대상이 아닌, 스스로 익어갈 빛깔을 결정짓는 고유한 시간으로 받아들이게 될 것이다. 시인의 문학적 여정이야말로 이 시대의 모든 구도자들에게 "아픔은 결국 단단함으로 치환된다"는 숭고한 메시지를 전달할 것이다. 변성언 시인의 시는 궁극적으로 "삶의 모든 고독한 성숙은 상처를 기꺼이 껴안는 사랑의 본능에 의해 추동(推動)되지만, 그 결실은 끝없이 질문해야 하는 불안을 동반한다"는 입체적인 메시지를 섬세한 언어로 독자에게 전달하고 있다. 상처가 더 이상 피해야 할 대상이 아니라 살아 있음의 징표임을 밀도 높은 철학적 사유와 자연의 사소한 움직임 속에서 발견한 인간의 숙명적인 감정선이 이 시집을 가장 빛나게 하는 힘이다.

변성언 시인의 시집이 단단한 한 권의 결실로 세상에 나옴을 진심으로 축하하며 응원한다. 시인의 진솔하고 일관된 목소리는 삶의 무게를 성숙하게 감당하려는 모든 이에게 깊은 공감과 따뜻한 위로를 건넬 것이다. 앞으로도 시인의 펜 끝에서 '영원히 빛날 문학적 의미'가 가득한, '붉고 달고 부드러운 맨살'을 가진 열매 같은 시들이 계속해서 맺히기를, 그리고 독자들의 가슴 속에 깊게 각인(刻印)될 시들이 많이 탄생되기를 진심으로 바라본다.